„Der Mensch kann ohne Gold, nicht aber ohne Salz leben", schrieb vor über 1500 Jahren der römische Geschichtsschreiber Cassiodorus, und dies gilt auch heute noch uneingeschränkt. Schon in der Bibel finden wir die ersten Hinweise auf Salz. Auch in den Schriften von Homer, Gaius Plinius und Cato weisen zahlreiche Stellen auf die Bedeutung des Salzes, seine Herstellung und den Handel hin. In Mitteleuropa wird schon um 1000 v. Chr. das Salz bergmännisch gewonnen und über weit verzweigte Handelswege gegen andere Waren getauscht.

Unter dem Wort Salz verstehen wir im allgemeinen Sprachgebrauch Kochsalz. Es ist eine chemische Verbindung aus Natrium und Chlor, Wissenschaftler nennen das Kochsalz deshalb Natriumchlorid. Daneben gibt es andere Salze, wie zum Beispiel Kaliumchlorid, das als Dünger in der Landwirtschaft verwendet wird, oder Silberchlorid in der Fotografie.
In der Natur kommt Kochsalz als Steinsalz in Salzlagerstätten, als Salzsole und im Meerwasser vor. Salzlagerstätten entstanden fast in allen geologischen Erdformationen in der Zeit vor rund 580 Millionen Jahren bis ca. 60 Millionen Jahren. Große Mengen an Salzlösungen sind in den Ozeanen vorhanden, dem wohl größten Reservoir an gelösten Salzen, das wir heute kennen. Bei der Verwitterung von Gesteinen entstehen ebenfalls große, gelöste Salzmengen, die über Flüsse und sonstige Gewässer den Meeren und Binnenseen zugeführt werden.

Salz ist eines der ältesten anorganischen Mineralien, die der Mensch kennt. Nicht nur als Gewürzmittel ist es für Mensch und Tier unentbehrlich: Es ist ein lebensnotwendiger Bestandteil der Körperflüssigkeit, aber auch ein wichtiger, vielfach benötigter Grundstoff in der Chemie.
Wie Salz gewonnen wird und wofür es verwendet werden kann, wird in diesem Buch gezeigt und beschrieben.

Salz

von Brenda Walpole

Fotos von Ed Barber

Inhalt:

Peters- Kinderbuch

Wo findet ihr Salz?

Salz ist überall in der Natur zu finden.

In vielen von unseren Nahrungsmitteln ist Salz
enthalten. Erdnüsse schmecken sehr salzig.
Die Weltmeere gehören zu unseren ergiebigsten
Salzquellen.

Auch in unserer Körperflüssigkeit ist Salz enthalten. Sobald man schwitzt, weint oder zur Toilette geht, verliert man etwas davon. Beleckt euren Handrücken, wenn ihr schwitzt. Euer Schweiß schmeckt salzig.

Seht euch das Salz an.

Das Salz besteht aus winzigen Körnchen, den sogenannten Kristallen. Ihr könnt sie erkennen, wenn ihr das Salz durch eine Lupe betrachtet.

Siedesalz wird zum Kochen verwendet. Es rieselt fließend, weil die winzigen Kristalle von gleicher Größe und Form sind.

Steinsalz wird im Winter zum Auftauen vereister Straßen eingesetzt. Könnt ihr die winzigen Krümel Tonerde darin erkennen? Steinsalz ist eine Mischung aus Tonerde und Salzkristallen verschiedener Größen.

Die großen Meersalzkristalle werden in einer Mühle gemahlen, damit das Salz feinkörnig wird und leichter zum Würzen verwendet werden kann. Wie fühlt sich Meersalz im Vergleich zu Siedesalz an?

Macht euch eure eigenen Salzkristalle.

Dazu braucht ihr:

2 stabile Becher

kochend heißes Wasser

Salz

einen Eßlöffel

einen Bleistift

ein Stück Faden

einen Bogen Papier

Was müßt ihr tun:

1. Bittet einen Erwachsenen, einen der beiden Becher mit kochend heißem Wasser zu füllen. Gebt drei Eßlöffel Salz ins Wasser und verrührt es. Gebt noch mehr Salz hinein, bis sich nichts mehr davon auflöst. Laßt das Salzwasser abkühlen. Bindet euren Faden am Bleistift fest. Legt den Bleistift auf den Becherrand, so daß der Faden ins Salzwasser hängt. Deckt den Becher mit dem Bogen Papier zu und laßt ihn über Nacht stehen.

2. An dem Faden haben sich winzige Kristalle gebildet. Wählt den größten Kristall aus und streift alle anderen vom Faden ab. Gießt das Salzwasser in den zweiten Becher um und hängt euren Kristall am Faden hinein. Laßt den Becher ein paar Tage lang stehen, ohne ihn zu bewegen. Um wieviel ist euer Kristall danach größer geworden?

Salz und Wasser.

Was geschieht, wenn ihr Salz und Wasser miteinander mischt? Macht folgenden Versuch, um euch diese Frage selbst zu beantworten:

Dazu braucht ihr:

2 Marmeladengläser
voll Wasser
2 leere Marmeladengläser

Salz

Sand

2 Trichter

2 Teelöffel

2 Kaffee-
Filtertüten

eine Lupe

Was müßt ihr tun:

1. Gebt in eines der Gläser mit Wasser einen Teelöffel Salz hinein und verrührt es. Schaut euch das Salz durch die Lupe an. Die Salzkörnchen werden kleiner und kleiner und verschwinden schließlich völlig. Das Salz ist zwar immer noch da, aber es hat sich im Wasser aufgelöst.
Gebt einen Teelöffel Sand in das andere Glas mit Wasser und verrührt ihn. Was geschieht mit dem Sand?

2. Gebt die Filtertüten in die Trichter. Gießt durch einen der Filter das mit Sand vermischte Wasser in ein leeres Glas. Ihr werdet feststellen, daß der Sand im Filter zurückbleibt.
Gießt das Salzwaser durch den zweiten Filter in das andere leere Glas, ist dabei Salz im Filter geblieben?

3. Überzeugt euch davon, daß das im Wasser aufgelöste Salz immer noch dort ist, indem ihr den Finger hineintaucht und probiert, ob es salzig schmeckt.

Wenn sich Salz im Wasser auflöst, so erhöht sich dadurch nicht die Menge des Wassers, selbst wenn es sich um ziemlich viel Salz handeln sollte. Überzeugt euch selbst.

Dazu braucht ihr:

Salz

einen Teelöffel

ein Marmeladenglas voll Wasser

ein Stück Zeichenkreide

Was müßt ihr tun:

Markiert den Wasserstand in eurem Marmeladenglas mit der Zeichenkreide. Gebt einen Teelöffel Salz ins Wasser und verrührt es. Überprüft den Wasserstand. Gebt noch mehr Salz hinein und verrührt es. Wenn ihr alles Salz hineingeschüttet habt, schaut nach, ob der Wasserstand im Glas über eure Markierung hinaus angestiegen ist.

Macht den gleichen Versuch mit Sand anstelle von Salz. Was geschieht mit dem Wasserstand, wenn ihr Sand ins Wasser gebt?

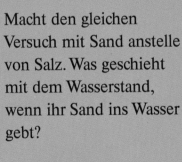

7

Meersalz.

Habt ihr gewußt, daß man im Meer leichter schwimmt als in einem Schwimmbecken?

Durch das Salz im Meerwasser bekommt ihr mehr Auftrieb, so daß ihr nicht so tief eintaucht. Das Tote Meer (auf arabisch „Lots Meer") zwischen Israel und Jordanien ist aufgrund der starken Verdunstung das salzhaltigste Gewässer der Welt, weil es keinen Abfluß hat. Darin unterzugehen ist so gut wie unmöglich.

8

Laßt ein Ei im Wasser schweben.

Dazu braucht ihr:

ein großes
Marmeladenglas
voll Wasser

Salz

einen Eßlöffel

ein frisches Ei

Was müßt ihr tun:

Gebt das Ei mit Hilfe des Löffels vorsichtig
in das Glas mit Wasser und laßt es darin zu
Boden sinken.

Dann gebt einen Eßlöffel Salz ins Wasser.
Was geschieht mit dem Ei? Gebt noch mehr
Salz ins Wasser, bis das Ei aufschwimmt. Im
Salzwasser hat das Ei, ebenso wie ein
Schwimmer, mehr Auftrieb als im Süßwasser.

Habt ihr eine Idee, wie man es bewirken
kann, daß das Ei wieder absinkt?

9

Salz und Eis.

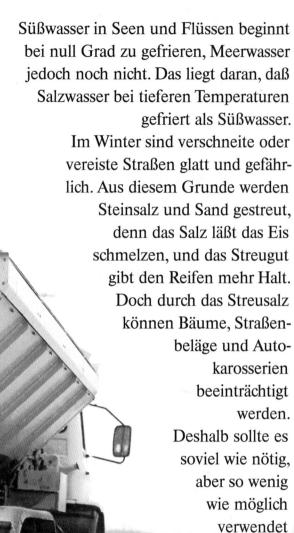

Süßwasser in Seen und Flüssen beginnt bei null Grad zu gefrieren, Meerwasser jedoch noch nicht. Das liegt daran, daß Salzwasser bei tieferen Temperaturen gefriert als Süßwasser.
Im Winter sind verschneite oder vereiste Straßen glatt und gefährlich. Aus diesem Grunde werden Steinsalz und Sand gestreut, denn das Salz läßt das Eis schmelzen, und das Streugut gibt den Reifen mehr Halt. Doch durch das Streusalz können Bäume, Straßenbeläge und Autokarosserien beeinträchtigt werden.
Deshalb sollte es soviel wie nötig, aber so wenig wie möglich verwendet werden.

Bei diesem Versuch könnt ihr feststellen, wie Eis durch Salz geschmolzen wird.

Dazu braucht ihr:

4 Eiswürfel

2 Teller

Salz

eine Uhr

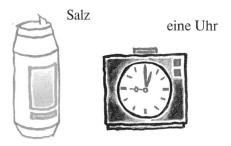

Was müßt ihr tun:

Gebt zwei Eiswürfel auf jeden Teller. Bestreut die Würfel auf dem einen Teller mit Salz. Stellt fest, wie lange es dauert, bis die Eiswürfel geschmolzen sind.

Stellt fest, ob die Eiswürfel von oben nach unten schmelzen. Was ist mit den Eiswürfeln geschehen, die nicht mit Salz bestreut wurden?
Wiederholt den Versuch, indem ihr das Salz unter die Eiswürfel streut. Was geschieht jetzt?

11

Salz in unserem Körper.

Salz ist ein Baustein des Lebens und für unseren Körper lebensnotwendig.
Jeder von uns hat etwa einen gehäuften Teelöffel Salz in seinem Blut. Knochen und Muskeln enthalten ebenfalls Salz. Tag für Tag verliert ihr etwas von diesem Salz, wenn ihr schwitzt, zur Toilette geht oder weint. Das Salz muß jedoch ersetzt werden, damit ihr gesund bleibt. Im täglichen Essen — vor allem in Brot, Wurst und Käse — ist ausreichend Salz enthalten. Zu viel und auch zu wenig Salz kann den Blutkreislauf beeinflussen.
Im Körper des Menschen müssen Salz und Wasser in einem ausgewogenen Verhältnis zu-einander stehen. Wenn ihr zuviel Salz zu euch nehmt, wird dieses Gleichgewicht gestört, und ihr empfindet Durst. Wenn ihr dann Wasser trinkt, um den Durst zu löschen, wird das Gleichgewicht wieder hergestellt.

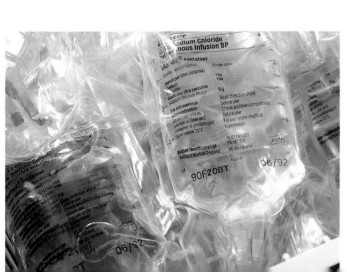

Wenn jemand im Verlauf einer Krankheit viel von seiner Körperflüssigkeit verliert, wird eine Kochsalzlösung aus einem Plastikbeutel durch einen Schlauch mit Hilfe einer Injektionskanüle in die Blutbahn getropft. Diese Lösung enthält genau die Dosis Salz, die der Körper braucht, um den Verlust wieder auszugleichen.

Salz schmecken.

Salz hat einen unverwechselbaren Geschmack. Versucht einmal, mit verbundenen Augen den unterschiedlichen Geschmack zwischen Salzwasser und Süßwasser zu erkennen.

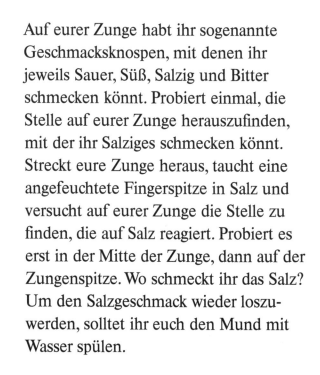

Auf eurer Zunge habt ihr sogenannte Geschmacksknospen, mit denen ihr jeweils Sauer, Süß, Salzig und Bitter schmecken könnt. Probiert einmal, die Stelle auf eurer Zunge herauszufinden, mit der ihr Salziges schmecken könnt. Streckt eure Zunge heraus, taucht eine angefeuchtete Fingerspitze in Salz und versucht auf eurer Zunge die Stelle zu finden, die auf Salz reagiert. Probiert es erst in der Mitte der Zunge, dann auf der Zungenspitze. Wo schmeckt ihr das Salz? Um den Salzgeschmack wieder loszuwerden, solltet ihr euch den Mund mit Wasser spülen.

Salz in der Nahrung.

In nahezu allem, was wir essen, ist Salz enthalten, selbst in Speisen, die überhaupt nicht nach Salz schmecken. Überprüft einmal bei einigen Lebensmitteln die aufgedruckte Liste der Zutaten und stellt fest, welche davon Salz enthalten. Manchmal wird das Salz auch mit seinem chemischen Namen als Natrium oder Natriumchlorid bezeichnet. Was meint ihr wohl, welches der hier abgebildeten Nahrungsmittel kein Salz enthält? (Die Antwort findet ihr auf Seite 25.) Vor Einführung der Konserven und Tiefkühlkost wurde Salz zum Konservieren von Lebensmitteln verwendet. Die Bakterien, die bewirken, daß Lebensmittel verderben, brauchen Wasser, um am Leben zu bleiben. Wenn Fleisch und Fisch in Salz eingelegt werden, so entzieht das Salz alle Feuchtigkeit. Dadurch werden die Bakterien daran gehindert, sich zu vermehren.

Zwiebeln könnt ihr in Salz und Essig einlegen, um sie haltbar zu machen.
Versucht einmal selbst, solche Essigzwiebeln einzulegen.

Ihr braucht dazu:

125 g Perlzwiebeln

ein sauberes Marmeladenglas mit Deckel

ein Messer

ein Schneidebrett

250 ml Weinessig

eine Rührschüssel

1/2 l Wasser

einen Eßlöffel Salz

Was müßt ihr tun:

1. Gießt das Wasser in die Rührschüssel und gebt das Salz hinein. Bittet einen Erwachsenen, euch beim Schälen der Zwiebeln zu helfen. Die Zwiebeln müssen sich zwei Tage lang im Salzwasser vollsaugen.

2. Spült die Zwiebeln mit frischem Wasser ab. Trocknet sie und gebt sie in das Marmeladenglas. Übergießt die Zwiebeln mit Weinessig und schraubt den Deckel fest zu.

Etwa drei Wochen später könnt ihr eure eingelegten Zwiebeln essen.

Wo kommt das Salz her?

Das Salz, das wir unseren Speisen zusätzlich beigeben, stammt aus Salzbergwerken, aus Quellen mit salzhaltigem Wasser oder aus dem Meer.

Vor Tausenden von Jahren entdeckten die Menschen, daß das Meerwasser Salz enthält. In südlichen Ländern leiteten sie das Meerwasser in flache Becken und benutzten die Sonnenenergie, um das Wasser darin verdunsten zu lassen, bis nur noch das Salz zurückblieb.
Das Salz aus dem Meer wird Meersalz genannt. Es wird heute in Ländern mit intensiver Sonneneinstrahlung gewonnen, beispielsweise in Spanien, Portugal, Indien und Thailand.

Zur Gewinnung von Meersalz wird das Wasser in flache Betonbecken gepumpt, die man Salzgärten nennt. Im ersten Becken setzen sich Verunreinigungen wie Sand, Schlamm, Mikroorganismen usw. ab.

Dann leitet man das salzige Wasser in weitere Becken, wo sich durch die fortlaufende Verdunstung im letzten Becken, dem Kristallisierungsbecken, das Salz absetzt. Das Salz wird dann durch Bulldozer oder mit der Hand zusammengeschoben, gründlich gereinigt und verpackt.

Wollt ihr euch Meersalz selber herstellen?

Dazu braucht ihr:

einen flachen Teller

Meerwasser oder einen Liter Wasser, in das ihr 5 Eßlöffel Salz auflöst

einen Krug

Was müßt ihr tun?

Gießt etwas von dem Salzwasser in den flachen Teller und stellt ihn in die Sonne oder an die Heizung.

Wieviel von dem Salzwasser ist nach einem Tag noch übrig? Wenn sich am Tellerrand Salzkristalle gebildet haben, gießt noch etwas von dem Salzwasser nach. Wiederholt das ein paar Tage lang, und bald könnt ihr euer eigenes Meersalz ernten.

Unterirdische Salzlager.

Vor Millionen von Jahren verdunsteten flache Randmeere des Ozeans, wodurch mächtige Salzschichten zurückblieben. Durch geologische Vorgänge geriet das Salz unter andere Gesteinsschichten. Das Salz wird durch bergmännischen Abbau zu Tage gefördert. Solche Salzbergwerke gibt es in vielen Ländern, so in Deutschland und Österreich, in Großbritannien, Rußland und in den Vereinigten Staaten von Amerika.

In den Salzbergwerken wird ein Schacht bis in die Salzschicht getrieben. Dann werden durch das Salz und Gestein Stollen gefräst, die breit wie eine Straße und hoch wie ein Haus sind.
Diese Maschine ist ein Deckenhobel zum Fräsen der Stollendecke.

Zum Vortreiben des Stollens werden maschinell Sprenglöcher in die Salzlager gebohrt und mit Sprengstoff gefüllt, der dann elektrisch gezündet wird. Das dadurch herausbrechende Steinsalz wird auf Förderbänder geschaufelt, zerkleinert und in riesigen Loren zu Tage gefördert.

Steinsalz wird hauptsächlich in der Chemie und Technik zur Herstellung von Kunststoff, Glas, Papier, Arzneimittel, Seife und Zahnpasta verwendet.

Mit Sand vermischt wird es auch im Winter zum Abtauen von Schnee und Eis auf Straßen gestreut, wobei aus Gründen des Umweltschutzes der Salzanteil möglichst gering gehalten werden sollte.

Wie macht man Speisesalz?

Das bei uns meist zum Kochen benutzte Speisesalz wird in Salinen gewonnen und Siedesalz genannt. Zur Herstellung von Siedesalz wird das aus Salzbergwerken oder aus Quellen stammende salzhaltige Wasser, die sogenannte Sole, eingedampft.

Dazu wird eine Salzlagerstätte angebohrt und in die entstehenden Hohlräume Süßwasser eingeleitet. Das Salz löst sich im Wasser, und es bildet sich die Sole. Die nichtlöslichen Bestandteile des Salzgesteins sinken ab und bleiben in den Hohlräumen. Die Sole wird in großen Behältern verarbeitet, die Verdampfer genannt werden. Diese Verdampfapparate, wie ihr sie auf dem Bild seht, sind etwa 18 Meter hoch.

In den geschlossenen Behältern kocht (oder: siedet) die Sole, wobei das Wasser verdampft und sich Salzkristalle bilden.

Der Salzbrei wird abgeführt, und das so gewonnene Siedesalz getrocknet, gesiebt und in Säcke, Eimer oder auch in Pakete abgefüllt, um zum Beispiel in der Küche verwendet zu werden.

Das Salz und seine Geschichte.

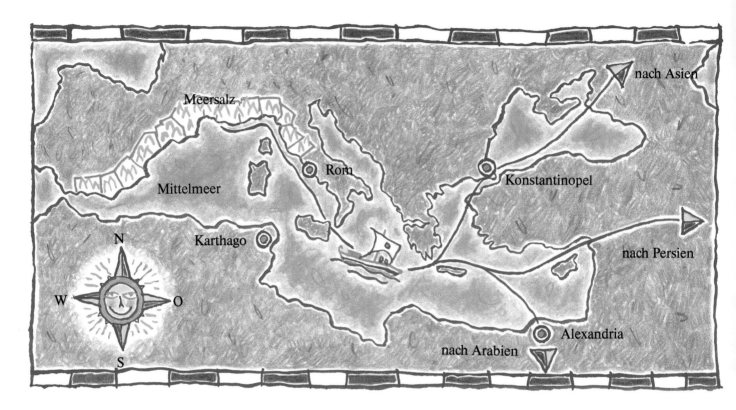

Alte Handelswege über das Meer

In alter Zeit entdeckten die an den Küsten des Mittelmeers lebenden
Menschen, wie man Meersalz gewinnt. Dieses Salz war ein wertvolles Gut und
im Tauschhandel sehr gefragt. Kaufleute reisten von überall her auf dem Land-
und Seeweg in die Länder am Mittelmeer, um ihre Handelswaren gegen Salz
einzutauschen. Die Kaufleute benutzten uralte Verkehrsstraßen, die die
einzelnen Länder miteinander verbanden, und um die oft blutige Kriege
geführt wurden.

Viele Straßen zwischen bedeutenden Städten in Europa, Arabien und dem
Fernen Osten wurden vor Hunderten von Jahren vorwiegend zum Zwecke des
Salzhandels gebaut. Eine der wichtigsten Straßen ist die Via Salaria in Italien,
die vom Hafen Ostia nach Rom führt.

Die römischen Legionäre erhielten eine Zuteilung von Salz als Teil ihres Soldes, das sogenannte „salarium" (von „sal" = Salz). Daraus wurde später das „Salär" als Besoldung des Offiziers. Der Ausdruck ist heute noch als sinnverwandtes Wort für Gehalt oder Lohn in Gebrauch.

Bis zum Anfang dieses Jahrhunderts war in einigen tropischen Regionen das Salz so wertvoll, daß es dem Wert des Geldes gleichkam und als solches verwendet wurde. Wie wäre es, wenn ihr solche Salzmünzen einmal selber herstellt?

Dazu braucht ihr:

Salz

Wasser

eine Rührschüssel

eine flache Schale

eine Ausstechform

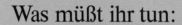

einen Eßlöffel

Was müßt ihr tun:

Mischt etwa fünf Eßlöffel Salz mit einem Eßlöffel Wasser zu einem festen Brei. Gebt noch etwas Salz hinzu, falls die Mischung zu feucht ist. Füllt den Brei in die Schale und preßt ihn mit dem Löffelrücken fest. Stecht dann runde Formen aus und laßt euer Salzgeld in der Sonne oder an der Heizung trocknen, doch geht behutsam damit um.

Salz im Volksglauben.

Im Volksglauben spielte das Salz eine große Rolle. Im klassischen Altertum wurde dem Salz eine magische Kraft beigemessen. Die Römer glaubten ihren Grund und Boden zu weihen, wenn sie Salz darin vergruben. Die Druiden (keltische Priester) verwendeten bei festlichen Anlässen Salz, um auf die Fruchtbarkeit der Erde hinzuweisen.

Es gibt noch mehr Bräuche, in denen das Salz eine Rolle spielt. In einigen arabischen Ländern ißt man mit einem Gast zum Zeichen der Freundschaft etwas Salziges. In vielen Ländern überreicht man Salz und Brot zu ganz besonderen Anlässen. Viele Menschen glauben, daß es Streit bedeutet, wenn man Salz verschüttet, und werfen eine Prise über die linke Schulter hinter sich, um Unheil abzuwenden.

Was könnt ihr noch alles tun:

1. Salz wird in vielen Ländern geschürft. Es gibt Salzbergwerke in Deutschland, England, Sibirien usw. Das Salzlager im polnischen Wieliczka bei Krakau ist so gewaltig, daß man darin ein ganzes Dorf aus dem Salz herausgemeißelt hat. Bei uns sind viele Orte bereits am Namen „Salz-" als kochsalzhaltige Heilquellen oder Thermalsolebäder zu erkennen. Auch der Zusatz „-hall" (Siedehaus) weist auf eine Salzquelle hin. Versucht noch mehr über die Gewinnung von Stein- oder Meersalz zu erfahren.

2. Dem Kochsalz wird eine kleine Menge anderer Stoffe zugesetzt, damit es nicht klumpt. Schaut auf der Packung nach, welche Mineral-stoffe außerdem im Salz enthalten sind.

3. Es gibt viele Redewendungen, die sich auf das Salz beziehen. „Nicht das Salz zum Brot haben" heißt in großer Not leben. „Jemanden das Salz in der Suppe nicht gönnen", bedeutet sehr neidisch sein. Man spricht auch vom „Salz der Weisheit". Kennt ihr noch andere Rede-wendungen dieser Art?

4. An der Bordwand der Schiffe gibt es die sogenannte Höchstlade-marke oder Tiefladelinie, die anzeigt, wie weit das Schiff bei der Beladung eintauchen darf. Beladet einmal ein Spielzeugboot bis kurz vor dem Sinken. Markiert die Tiefladelinie und setzt dann das Boot in Salzwasser. Ist die Tiefladelinie noch dieselbe?

5. Die meisten Tiere brauchen, ebenso wie die Menschen, Salz als Bestandteil ihrer Nahrung. Die Bauern setzen dem Viehfutter Salz zu. Wildlebende Tiere lecken an Steinen, die aus mineralhaltigen Salzen bestehen, den sogenannten Salzlecken. Könnt ihr herausfinden, warum Ziegen und Schafe gerne Salz lecken, Löwen aber nicht?*

6. Macht einmal Salzteig und modelliert daraus hübsche Figuren. Den Salzteig könnt ihr ganz einfach herstellen: Vermischt in einer Schüssel drei Tassen Mehl und eine Tasse Salz. Gebt nach und nach 1 ½ Tassen Wasser hinzu und knetet euren Teig bis er glatt ist und keine Klümpchen mehr enthält. Dann rollt den Salzteig aus und schneidet euch Stücke davon ab. Ihr könnt daraus Figuren oder Blumen formen. Legt die Figuren auf ein Backblech und laßt sie auf der kleinsten Stufe eine Stunde backen.
Sobald die Figuren dann abgekühlt sind, könnt ihr sie mit Wasser-farben bunt bemalen und anschließend aufhängen.

*(Die fleischfressenden Tiere nehmen mit der Nahrung genügend Salz auf.)

Antwort zur Frage auf Seite 14:
Das Glas mit Babynahrung rechts oben im Bild enthält kein Salz.

Kinderbuch im Rahmen der 7. Salzburger Landesausstellung
„SALZ"
Grafik der Umschlagseite: Friedrich Pürstinger
Fotos von Ed Barber, mit Ausnahme von S. 8 (unten) Sarah Avian;
S. 10, 18, 19 ICI, Cheshire;
S. 12 (unten) Paul Harmer; S. 16 Alan Cork;
S. 20, 21 British Salt Limited
Zeichnungen von Dennis Tinkler

Autor und Verlag danken dem Kollegium und den Schülern
der Brecknock-Grundschule

Aus dem Englischen übersetzt von Günter Leupold.
Die englische Ausgabe erscheint bei
A&C Black, Ltd., Publishers, London.
Printed in Belgium
ISBN 3-87627-549-0